BEI GRIN MACHT SICH IHR
WISSEN BEZAHLT

- Wir veröffentlichen Ihre Hausarbeit,
  Bachelor- und Masterarbeit

- Ihr eigenes eBook und Buch -
  weltweit in allen wichtigen Shops

- Verdienen Sie an jedem Verkauf

Jetzt bei www.GRIN.com hochladen
und kostenlos publizieren

Tobias Schmitz

IT-Systeme für Customer Relationship Management

GRIN Verlag

Bibliografische Information der Deutschen Nationalbibliothek:

Die Deutsche Bibliothek verzeichnet diese Publikation in der Deutschen National-
bibliografie; detaillierte bibliografische Daten sind im Internet über http://dnb.d-
nb.de/ abrufbar.

Impressum:

Copyright © 2006 GRIN Verlag GmbH
Druck und Bindung: Books on Demand GmbH, Norderstedt Germany
ISBN: 978-3-638-75106-3

Dieses Buch bei GRIN:

http://www.grin.com/de/e-book/48840/it-systeme-fuer-customer-relationship-
management

GRIN - Your knowledge has value

Der GRIN Verlag publiziert seit 1998 wissenschaftliche Arbeiten von Studenten, Hochschullehrern und anderen Akademikern als eBook und gedrucktes Buch. Die Verlagswebsite www.grin.com ist die ideale Plattform zur Veröffentlichung von Hausarbeiten, Abschlussarbeiten, wissenschaftlichen Aufsätzen, Dissertationen und Fachbüchern.

Besuchen Sie uns im Internet:

http://www.grin.com/

http://www.facebook.com/grincom

http://www.twitter.com/grin_com

IT-Systeme

für

Customer Relationship Management

1. Leistungsnachweis

Wahlfach

Betriebsinformatik II

vorgelegt von

Tobias Schmitz

Hochschule Niederrhein
Fachbereich Wirtschaftswissenschaften
Studiengang Betriebswirtschaftliches externes Studium mit Präsenzphase

Wintersemester 2005 / 2006

I Inhaltsverzeichnis

I   Inhaltsverzeichnis.. 1

II   Abkürzungsverzeichnis... 2

1   **Einleitung**... **3**

    1.1   Problemstellung.. 3

    1.2   Die Entstehung von CRM... 3

    1.3   Inhaltliche Abgrenzung des E-CRM vom Konzept des CRM.................... 5

2   **Die Komponenten eines CRM-Systems**.. **5**

    2.1   Analytisches CRM... 6

        2.1.1   Data Warehouse.. 7

        2.1.2   On Line Analytical Processing (OLAP)... 8

        2.1.3   Data Mining.. 9

    2.2   Operatives CRM..10

    2.3   Kollaboratives CRM..10

3   **Die Gründe für das Scheitern von CRM-Systemen**...**11**

    3.1   Die strategische Perspektive...11

    3.2   Die personalpolitische Perspektive...13

    3.3   Die technologische Perspektive..15

4   **Fazit**...**16**

5   **Literaturverzeichnis**..**18**

6   **Eidesstattliche Erklärung**..**21**

II Abkürzungsverzeichnis

a.a.O.	am angeführten Ort
Abb.	Abbildung
Aufl.	Auflage
bzw.	beziehungsweise
ca.	circa
CRM	Customer Relationship Management
d.h.	das heißt
E-CRM	Electronic Customer Relationship Management
E-Mail	Electronic-Mail
f.	(die) folgende
ff.	(die) fortfolgenden
ggf.	gegebenenfalls
Hrsg.	Herausgeber
IT	Informationstechnik / Informationstechnologien
o.J.	ohne Jahresangabe
OLAP.	On Line Analytical Processing
o.V.	ohne Verfasserangabe
S.	Seite
s.	siehe
SMS	Short Message Service
sog.	so genannte
u.a.	unter anderem
Verl.	Verlag
Vgl.	Vergleiche
z.B.	zum Beispiel

1 Einleitung

1.1 Problemstellung

Verschärfter Wettbewerb in globalen Märkten und Umsatzrückgänge bei Unternehmen, die sich ausschließlich auf klassisches Massenmarketing verließen, waren der Ausgangspunkt für Überlegungen, wie Geschäftserfolge langfristig durch verbesserte Kundenbeziehungen gesichert werden können.[1] Der ständige Druck, in kurzen Zeiträumen immer wieder marktfähige, vom Kunden akzeptierte Produkte zu liefern ist so stark gestiegen, dass Unternehmen sich daher unter Zuhilfenahme von modernen IT-Systemen dazu veranlasst sehen, Kunden möglichst bedarfsgerecht und personalisiert anzusprechen, um auf diese Weise eine langfristige und profitable Stellung am Markt zu erzielen. Es muss das vorrangige Ziel eines Unternehmens sein, ein integratives Gesamtkonzept zu entwickeln, in dem der gesamtheitliche Blick im Mittelpunkt steht.[2] Das Konzept muss demzufolge unter anderem eine Marktsegmentierung, eine Konsolidierung der Marktleistungen aufgrund der Kundenbedürfnisse, eine Neuausrichtung der Marketing-, Verkaufs- und Serviceprozesse aufgrund der Kundenprozesse und die integrierte Einführung neuer IT-Systeme beinhalten.[3]

1.2 Die Entstehung von CRM

Obwohl die Beziehungen zu seinen Kunden seit jeher für jedes Unternehmen als existenziell angesehen werden können, hat sich der Stellenwert der Kundenbeziehungen aufgrund des gestiegenen Innovationsdrucks bzw. eines intensiveren Wettbewerbs deutlich verändert.[4] Während man sich früher die Frage stellen musste, wie man in möglichst kurzer Zeit viele Produkte zu einem möglichst hohen Preis absetzen konnte, hat man heutzutage das Problem, dass die Märkte für viele Produkte und Dienstleistungen gesättigt sind. Durch eine zunehmende Liberalisierung der Märkte im Zuge der Globalisierung sowie durch neue Bezugsquellen wie das Internet, sind zudem eine zunehmende Individualisierung des Kundenverhaltens und eine damit einhergehende abnehmende Kundenloyalität zu beobachten. Angesichts dieser Tatsache hat sich die Art, wie Kunden von den Unternehmen gewonnen und betreut werden und

---

[1] Vgl. Buck-Emden, R.; Saddai, D. (2003), S. 485.
[2] Vgl. Kehl, R.; Rudolph B. (2001) S. 272.
[3] Vgl. Schulze, J. (2002) S. 3.
[4] Vgl. Kotler, Ph.; Bliemel, F. (2001) S. 1024.

wie Akquisitionsstrategien in eine langfristige Unternehmensplanung eingepasst werden, ebenfalls enorm gewandelt, indem neue Möglichkeiten wie innovative Datenanalyseverfahren zur differenzierten Kundenbearbeitung angewendet werden.[5] Ursprung des Denkens und aller Prozesse ist in der heutigen Zeit jedoch der Kunde. Dies bedeutet wiederum, dass Unternehmen die Frage lösen müssen, wie man Produkte erzeugt, die der Kunde wünscht bzw. wie die Unternehmensprozesse umgestaltet werden müssen, um Lösungen für die Kundenwünsche bieten zu können.[6] Die Unternehmen reagieren auf diese geänderte Marktsituation mehr und mehr durch eine konsequente Ausrichtung der gesamten Wertschöpfungskette und damit der Unternehmensorganisation auf den Kunden. Der Verkauf eines Produktes oder einer Dienstleistung wird nicht als Abschluss eines Geschäftes, sondern als Beginn einer möglichst langfristigen Beziehung verstanden.[7] Auf diese Weise wird in zunehmenden Maße das verbreitete transaktionsorientierte Marketing, welches tendenziell auf kurzfristig ausgerichtete Neukundengewinnungsaktivitäten fokussiert war, durch ein beziehungsorientiertes Marketing abgelöst.[8]

CRM hat sich dadurch zu einem high-interest Thema entwickelt, dem sich keiner mehr verschließen kann, der wertsteigernde Unternehmensführung realisieren und die Interaktion mit dem Kunden über das Internet gestalten will. Die Fähigkeit, den Geschäftserfolg zu steigern, ist jedoch in den einzelnen Unternehmen unterschiedlich ausgeprägt. Ein Grund hierfür ist die erhöhte Anforderung an der Verfügbarkeit von Kundeninformationen, da nur auf dieser Basis die Kunden differenziert angesprochen werden können bzw. ihnen proaktiv Produkte und Serviceleistungen angeboten werden können. Hierfür notwendige Informationen müssen in allen Kommunikationskanälen entsprechend konsistent und unternehmensintern aufbereitet und zur Verfügung gestellt werden. Jedoch ist es erst durch Internettechniken gelungen, Funktionen wie Interaktivität, Verfolgung von Aktivitäten und Vorgängen, Personalisierung, Kundenanpassung und E-Mailing aufzubauen, um einen ständigen Dialog mit dem Kunden zu führen und daraus eine lernende Beziehung zu gestalten.

---

[5] Vgl. Helmke, S., Dangelmaier, W. (2001) S. 1.
[6] Vgl. Reinke, H.; Bruch, R. (2003) S. 26.
[7] Vgl. Meffert, H. (2000) S. 328.
[8] Vgl. Hippner, H.; Wilde, K.-D. (2003a) S. 4.

1.3 Inhaltliche Abgrenzung des E-CRM vom Konzept des CRM

E-CRM ist die Verschmelzung des Internets mit CRM. Ziel des E-CRM ist eine One-to-One-Kommunikation über die Interaktion der Internetfunktionalitäten in das CRM-System. Die technologische Plattform des Systems ist dabei das Internet, damit die Daten der Kunden, Interessenten und Geschäftspartner, sowie deren Aktivitäten auf der Website, direkt in das E-CRM-System übernommen werden können.[9] Manche Autoren verstehen E-CRM als eine Ergänzung im Instrumentarium der Marketingfunktion. Bei der inhaltlichen Interpretation lassen sich diese Autoren von der wörtlichen Bedeutung des Akronyms leiten. Demnach beschäftigt sich E-CRM mit den elektronischen Möglichkeiten des Managements von Kundenbeziehungen. Durch die gezielte Analyse, Planung und Steuerung der Kundenbeziehungen mit Hilfe leistungsfähiger IT-Systeme und elektronischen Medien, insbesondere des Internet, sollen die Bedürfnisse und Wünsche der Kunden besser befriedigt werden als dies bislang möglich war.[10] Andere Autoren fassen das Anspruchsspektrum des E-CRM weiter und bezeichnen es als eine umfassende Unternehmensphilosophie. Nach ihrem Begriffsverständnis beschreibt E-CRM die Ausrichtung des Unternehmens auf den Kunden, die ohne informationstechnologische Unterstützung durch leistungsfähige IT-Systeme nicht zu realisieren ist. In diesem Sinne verkörpert E-CRM die elektronisch gestützte Realisierung des traditionellen Leitgedankens der Marketingdisziplin.[11] Gemeinsam sind beiden Konzeptionen das Ziel der Kundenorientierung. E-CRM ist somit eine Erweiterung und keine Alternative zum bisherigen CRM. E-CRM bietet ergänzende Möglichkeiten einer verbesserten Kundenbindung bei geringeren Kosten.

2 Die Komponenten eines CRM-Systems

Die grundlegende Basis für eine erfolgreiche Koordination der einzelnen Kundenschnittstellen sowie die Differenzierung der Kundenansprache liegt sowohl im Aufbau einer integrierten Kundendatenbank, als auch in der konsequenten Überführung der gesammelten Informationen in wertvolles Wissen

---

[9] Vgl. o.V.: Im Lexikon des CRM-Forum. Online im Internet:
URL: http://www.crmforum.de/main.html?suche=ecrm [Stand 26.09.2005].
[10] Vgl. Eggert, A.; Fassot G. (2005) Elektronisches Kundenbeziehungsmanagement (eCRM).
Online im Internet: URL: http://www.competence-site.de/crm.nsf/0/0c9105a45ea74545c1256a7800504c53?OpenDocument [Stand 26.09.2005]
[11] Vgl. Kotler, Ph.; Bliemel, F. (2001) S. 34 ff.

über den Kunden durch erweiterte Analysemöglichkeiten.[12] Aufgrund dessen muss es die Aufgabe eines Unternehmens sein, durch leistungsfähige IT-Systeme die technologische Infrastruktur auf eine professionelle Basis zu stellen, um die Interaktion mit den Kunden über die unterschiedlichen Kanäle operativ und informationstechnisch zu beherrschen, damit man zukünftigen Marktanforderungen gewachsen ist.[13]

2.1 Analytisches CRM

Grundlegende Ziele des CRM liegen in der Vertiefung und Verlängerung der Beziehungen mit bestehenden Kunden durch Konzentration der vorhandenen Ressourcen auf die profitablen Geschäftsbeziehungen. Ein Problem vieler Unternehmen besteht jedoch darin, dass deren IT-Systeme durch historisch gewachsene Insellösungen geprägt ist,[14] was die ganzheitliche Sicht auf die vorhandenen Kunden verhindert, so dass es zu falschen Informationen über den Kunden kommen kann. Um die grundlegenden Ziele von CRM zu erreichen und die Interaktionen und Prozesse mit den Kunden so effizient wie möglich zu gestalten, benötigt das CRM ein analytisches Instrumentarium, welches Fragestellungen der Kundenbewertung und der differenzierten Kundenansprache beantwortet.[15] Unter analytischem CRM versteht man Funktionen und Prozesse, die, basierend auf den zur Verfügung stehenden Unternehmens- und Kundendaten, mittels datenanalytischer Ansätze Kundenbedarf, -verhalten und -wert sowie die zukünftige Entwicklung der Kundenbeziehung prognostizieren.[16] Die Prognose des potentiellen Kundenwertes liefert hierbei eine Informationsgrundlage zur Klassifikation von Neukunden und darüber hinaus eine zielsetzungsgerichtete Steuerung der Kundenbindungsinstrumente.[17] Ziel des analytischen CRM ist der Aufbau eines lernenden Systems (Closed Loop Architecture), um die Kundenreaktionen systematisch zu verwerten.[18] Mit Hilfe analytischer CRM-Anwendungen gelangen Unternehmen zu einem soliden Verständnis ihrer Kunden und können auf diese Weise Kundenbeziehungen über alle Kanäle bzw. Kommunikationswege optimieren, was sich z.B. in einer

---

[12] Vgl. Hippner, H.; Wilde, K.-D. (2003b) S. 34.
[13] Vgl. Kehl, R.; Rudolph B. (2001) S. 255.
[14] Vgl. Gawlik, T.; Kellner, J.; Seifert, D. (2002) S. 40.
[15] Vgl. Bensberg, F. (2002) S. 201.
[16] Vgl. Zipser, A. (2001) S. 37.
[17] Vgl. Bensberg, F. (2002) S. 202.
[18] Vgl. Gawlik, T.; Kellner, J.; Seifert, D. (2002) S. 39.

Steigerung des Cross-Selling Potentials oder in der Maximierung der Kundenloyalität bemerkbar macht.

2.1.1 Data Warehouse

Um Umsatzsteigerungen zu generieren, muss man den Kunden verstehen. Hierzu benötigt man Informationen über den Kunden und sein Verhalten, so dass man die Kunden segmentieren kann, wodurch eine gezielte Kundenansprache erreicht werden soll. Die Schwierigkeit bei einer kundenbezogenen CRM-Analyse besteht aber häufig darin, dass die Datenbasis in der Regel viel zu groß und inhomogen für eine automatische Auswertung ist. Deswegen müssen die Daten zunächst aus ihren ursprünglichen Quellen ausgelesen und modifiziert werden, damit sie anschließend umformatiert werden können, so dass sie den Anforderungen der Marketing- bzw. Vertriebsabteilung entsprechen.[19]

Diese Datentransformation lässt sich am besten mit einer Data Warehouse-Lösung erfüllen. Das Data Warehouse bezeichnet eine von den operationalen DV-Systemen isolierte Datenbank[20] und soll die Qualität, die Integrität und die Konsistenz des zugrunde liegenden Datenmaterials sicherstellen.[21] Aufgrund der Nutzung der verschiedenen Anwender eines Unternehmens, wächst das Data Warehouse in einem kontinuierlichen Prozess an, indem die täglich anfallenden Daten aus den verschiedenen operativen Systemen und Datenbanken in dieser Großdatenbank gesammelt werden, ohne dabei die Funktionsfähigkeit der operativen Systeme zu beeinträchtigen. Durch den Einsatz eines Data-Warehouses und der damit einhergehenden Harmonisierung der unterschiedlichen operativen Daten ist es möglich, die unternehmensweite einheitliche Sicht auf unterschiedliche Daten, die Reduktion manueller Analyseerstellungen oder die Vergleichbarkeit bzw. Skalierbarkeit der Daten zu verbessern. Somit dient das Data Warehouse der Früherkennung von Trends, der Entwicklung innovativer Marketingstrategien und der kundenorientierten Sortimentsgestaltung. Des Weiteren ermöglichen genauere Analysen des Verbraucherverhaltens ein besseres Erkennen und Abschätzen von Risiken sowie das bessere Ausschöpfen von Kundenpotentialen.

---

[19] Vgl. Abts D.; Mülder W. (2000) S. 242 ff.
[20] Vgl. Holthuis, J. (2001) S. 72.
[21] Vgl. Abts D.; Mülder W. (2004) S. 242 ff.

2.1.2 On Line Analytical Processing (OLAP)

Für die Unterstützung von Managementaufgaben besteht ein Schwerpunkt der managementunterstützenden Informationssysteme in einer effektiven Analyse der angesammelten Datenmengen. Die dem Management zur Verfügung gestellten Informationen müssen nun in eine aufbereitete, verdichtete Form gebracht werden, da hier nicht mehr einzelne Geschäftsvorfälle interessieren, sondern relevante und aufbereitete Kerngrößen.[22] Ein Data Warehouse liefert für die Datenanalyse im Marketing eine geeignete Aufbereitung der benötigten Daten. Es hat sich jedoch gezeigt, dass zur Aufdeckung der in diesen Daten verborgenen, erfolgsrelevanten Geschäftserfahrungen spezielle Werkzeuge zur Analyse umfangreicher, multidimensionaler Datenbestände erforderlich sind.[23] Angesichts dieser Tatsache führte Codd, Begründer der Theorie relationaler Datenbanken, das Konzept des On Line Analytical Processing (OLAP) ein.[24]

OLAP ermöglicht es dem Anwender ganz intuitiv mit den Daten umzugehen und sie aus allen Blickwinkeln zu betrachten und repräsentiert dementsprechend eine Software-Technologie, die sowohl Managern als auch qualifizierten Mitarbeitern aus den Fachabteilungen schnelle, interaktive und vielfältige Zugriffe auf relevante und konsistente Informationen ermöglichen soll. Es ist benutzerfreundlich, weil es den Anwender Objekte direkt manipulieren lässt und Ergebnisse übersichtlich zusammenfasst. Des Weiteren ist es analysierend und synthetisierend, weil der Benutzer Dimensionen hinzufügen oder weglassen kann, ohne dass er vorher ein komplexes Datenmodell durchsuchen muss.[25]

Es sei an dieser Stelle erwähnt, dass OLAP-Werkzeuge nicht selbständig neues Wissen erzeugen oder entdecken können und sie darüber hinaus nicht in der Lage sind, selbständig zu lernen bzw. nach neuen Lösungsmöglichkeiten zu suchen. Es werden in der Regel nur komfortable interaktive Navigations- und Reportmöglichkeiten bereitgestellt, welche explizites Wissen erzeugen. Aufgrund dieser Einschränkung, können nur solche Problemstellungen analysiert werden, die vorher vom Benutzer exakt formuliert sind. Schlecht strukturierte Fragestellungen erhöhen die Komplexität der Zusammenhänge innerhalb der Daten und verhindern somit die Lösung von anspruchsvollen, aber besonders

---

[22] Vgl. Holthuis, J. (2001) S. 49f.
[23] Vgl. Wilde, K.-D. (2001) S. 10.
[24] Vgl. Hippner, H.; Wilde, K.-D. (2003b) S. 16.
[25] Vgl. Abts D.; Mülder W. (2004) S. 246f.

interessanten Fragestellungen, da hier die relevanten Dimensionen erst aufgedeckt werden müssen.[26] Angesichts dessen bedarf es einer zusätzlichen Suche nach unscharfen Zusammenhängen, was zentrale Aufgabe des Data Minings ist.

2.1.3 Data Mining

Ein Data Warehouse enthält in der Regel sehr viele umfangreiche, heterogen strukturierte Datenbestände, deren interaktive Analyse sowohl betriebswirtschaftliches als auch DV-technisches Know-how erfordert und mit einem erheblichen Aufwand verbunden ist. Der wesentliche Nachteil eines Data Warehouse besteht also darin, dass diese nicht entwickelt wurden, um Zusammenhänge darzustellen, sondern um einzelne Daten zu sammeln. Aus diesem Grund hat sich der Einsatz von Data Mining Technologien für systematische Analysen großer und komplexer Datenbestände bewährt.[27]

Der Begriff Data Mining bedeutet buchstäblich das Schürfen bzw. Graben nach Daten, indem riesige Datenvolumina mit anspruchsvollen, automatisierten Methoden nach neuen, gesicherten und handlungsrelevanten Geschäftserfahrungen durchsucht werden. Die Suchmethoden sind nicht trivial, weil sie statt der herkömmlichen Datenbankwerkzeuge komplexe Methoden aus den Bereichen der wissensbasierten Systeme und der Statistik verwenden.

Ausgehend von den Markt- und Unternehmensdaten werden über das laufende Marktgeschehen Geschäftserfahrungen herausgefiltert, die eine schrittweise Optimierung der Marketingaktionen ermöglichen sollen.[28] Das Analyseziel kann also die Vorhersage jener Adressaten sein, die positiv auf eine bestimmte Marketingkampagne reagieren würden. Nicht zuletzt erwartet man aus diesen maschinell analysierten und aufbereiteten Daten Wettbewerbsvorteile. Es wird also sowohl eine zuverlässige Prognose von unbekannten oder zukünftigen Werten und Entwicklungen angestrebt, als auch eine Analyse von Datenmengen zum Zweck der Erkennung nützlicher und interessanter Datenmuster.[29]

Große Finanzdienstleister, Autokonzerne, Versicherungen und Handelsketten ihre Kundeninformationen längst mittels OLAP oder Data Mining auswerten, so sind

---

[26] Vgl. Hippner, H.; Wilde, K.-D. (2003b) S. 18.
[27] Vgl. Abts D.; Mülder W. (2004) S. 246ff.
[28] Vgl. Wilde, K.-D. (2001) S. 14.
[29] Vgl. Holthuis, J. (2001) S. 57.

bei kleineren Unternehmen die Analyse und das Filtern von Stammdaten sowie die Segmentierung in Gruppen bislang wenig verbreitet. Viele Mittelständler hinken oft noch hinterher und bleiben beim Aufbau einer Kundendatenbank stehen. Kostenbewusste Unternehmen machen teilweise einen Bogen um aufwändige CRM-Systeme. Laut Forrester Research steigt die Unzufriedenheit unter den Kunden, wenn die versprochenen Mehrumsätze ausbleiben.[30]

2.2 Operatives CRM

Die Kunden sind heutzutage immer anspruchsvoller und entscheiden selbst, über welche Kommunikationskanäle sie mit einem Unternehmen in Kontakt treten möchten. Darüber hinaus erwarten sie eine sofortige Wiedererkennung seitens des Unternehmens. Deswegen ist die Beherrschung von Multi-Channel-Management eine Voraussetzung für die entsprechende Koordination und Steuerung dieser Kanäle, ohne die Verbindung zum Kunden zu unterbrechen.[31]

Um diesen Ansprüchen gerecht zu werden, unterstützt das operative CRM die unmittelbar am Kunden ausgerichteten Geschäftsabläufe in den Unternehmensbereichen Marketing, Vertrieb, Service und Unternehmensleitung [32], also dort wo der direkte Kontakt mit dem Kunden stattfindet.[33] Die aus dem analytischen CRM gewonnen Daten werden von dem operativen CRM für kundenorientierte Dienste entlang des Kundenlebenszyklus genutzt, indem zum Beispiel optimierte Marketingkampagnen geplant werden, treffsichere Angebotspakete erstellt werden oder bedürfnisgerechte Kontaktzeitpunkte aufgedeckt werden. Unter Berücksichtigung der im analytischen CRM gewonnen Erkenntnisse decken die einzelnen Automationsbereiche somit administrative, analytische und kontaktunterstützende Aufgaben ab.[34]

2.3 Kollaboratives CRM

Die dritte Komponente des CRM-Systems befasst sich mit dem eigentlichen Kundenkontakt und bezieht alle Kommunikationskanäle des Unternehmens zum Kunden mit ein.[35] Das kollaborative CRM ist dementsprechend darauf ausgerichtet, eine Abstimmung der unterschiedlichen Kundenkontaktpunkte zu

---

[30] Vgl. Beuthner, A. (2005) S.22.
[31] Vgl. Kehl, R.; Rudolph B. (2001) S. 257.
[32] Vgl. Buck-Emden, R.; Saddei, D. (2003) S.488.
[33] Vgl. Abts, D; Mülder W. (2004) S. 269f.
[34] Vgl. Hippner, H.; Wilde, K.-D. (2003b) S. 20.
[35] Vgl. Hippner, H.; Wilde, K.-D. (2003b) S. 29.

bewirken, um einen durchgängigen Management-Prozess zu unterstützen. In diesem Zusammenhang hat das so genannte Customer Interaction Center[36] eine hohe Bedeutung erlangt, weil hier sämtliche Kommunikationskanäle, die in den meisten Unternehmen heutzutage noch vielfach isoliert voneinander arbeiten, integriert werden. Dieses Customer Interaction Center unterstützt neben dem klassischen Call Center auch Internet, E-Mail, Fax, SMS und mobiles Internet. Aufgrund der Integration der verschiedenen Kommunikationskanäle besitzt der Kunde einen einzigen Zugang zum Unternehmen, wodurch der Ansatz des „One Face to the Customer" unterstützt wird.[37]

3 Die Gründe für das Scheitern von CRM-Systemen

CRM als Managementinstrument ist beliebt wie nie zuvor, was sich allein schon an großen Investitionsvolumen der Unternehmen festmachen lässt. Es erhöht die individuelle Kommunikation mit den Kunden und führt so zu einer optimalen Ausrichtung des gesamten Unternehmens auf Kunden- und Marktanforderungen, was entscheidende Wettbewerbsvorteile und erhebliche Einsparungen zur Folge hat.[38] Diese Aussagen erhöhen selbstverständlich die Erwartungen der Unternehmen an ein CRM-System. Umso erstaunlicher ist die Tatsache, dass ca. 60 Prozent aller CRM-Projekte scheitern.[39] Diese Zahl zeigt sehr deutlich, dass viele Unternehmen sich der Schwierigkeit einer CRM-Implementierung einfach nicht bewusst sind bzw. diese leichtfertig ignorieren.

3.1 Die strategische Perspektive

Viele Unternehmen sind so fasziniert von der CRM-Technologie und den daraus resultierenden Möglichkeiten, dass häufig eine Implementierung ohne vorhandene Einführungsstrategie stattfindet.[40] Sie gehen davon aus, dass ein CRM-Produkt automatisch alle nicht lukrativen Kunden abschreckt und gewinnbringenden Kunden anlockt. Natürlich ist dies im Rahmen von CRM möglich, doch vorher muss man sich mittels einer Segmentierungsanalyse einen Überblick über die bestehenden Kundenbeziehungen verschaffen, da erst die Segmentierung eine analytische Grundlage für die Fokussierung auf profitable Kundenbeziehungen liefert. CRM einzuführen, ohne vorher eine Analyse der bestehenden

---

[36] Vgl. Gawlik, T.; Kellner, J.; Seifert, D. (2002) S. 57.
[37] Vgl. Gawlik, T.; Kellner, J.; Seifert, D. (2002) S. 58.
[38] Vgl. Kehl, R.; Rudolph B. (2001) S. 272.
[39] Vgl. Schwetz, W. (2001) S. 141.
[40] Vgl. Kehl, R.; Rudolph B. (2001) S. 267.

11

Kundenbeziehungen gemacht zu haben ist, als würde man versuchen ohne statische Berechnungen oder die Planung eines Architekten ein Haus zu bauen.[41] Des Weiteren kommt es im Rahmen der Strategiefindung vor, dass zwar eine klare Vision entwickelt wird, die jedoch nicht unbedingt für alle betroffenen Mitarbeiter verständlich ist,[42] da es sich unter Umständen um eine komplett neue Ausrichtung des Unternehmens handelt.

Häufig erfolgt die Strategieentwicklung und Projektierung von CRM auch ohne Unterstützung des Managements.[43] Die Führungsaufgabe des Managements bei der CRM-Implementierung ist nicht zuletzt dadurch charakterisiert, dass der Außendienst mit Hilfe der teuren Technologie nicht weiterhin vor allem dort Kunden besucht, wo er sich am wohlsten fühlt,[44] sondern bei denjenigen, die den größten Profit versprechen. Trägt das Management ein CRM-Projekt nicht mit, laufen diese Projekte regelmäßig Gefahr auf Teilaspekte wie zum Beispiel die Einführung einer Vertriebssoftware reduziert zu werden, so dass letztlich kein gesamter Unternehmenserfolg mehr zu verzeichnen ist. Des Weiteren treten allzu häufig Berührungsängste mit der modernen IT-Technologie auf.[45] Ohne die Beteiligung des Managements fühlen sich die Mitarbeiter aufgrund der massiven Veränderungen von Prozessen und Aufgaben im Stich gelassen,[46] weil den Mitarbeitern keine Möglichkeit gegeben wird, sich frühzeitig eine Vorstellung über die neue Unternehmensphilosophie zu verschaffen und sich langsam auf das Projekt vorzubereiten. Hierdurch kann es im Weiteren zu fehlender Akzeptanz seitens der Mitarbeiter und demzufolge zu massiven Widerständen kommen.[47]

Aufgrund der genannten Effizienzverbesserungen in Vertriebs- und Kundenprozessen seitens der Softwarehersteller und der damit einhergehenden schnellen Amortisation der Kosten für die technologischen Komponenten werden meist zu hohe Erwartungen an die Einführung eines CRM-Systems geknüpft.[48] Man schaut eher auf die versprochenen Renditen und weniger auf die eindrucksvollen Servicefunktionen für den Kunden. Jedoch dauert es bekanntlich

---

[41] Vgl. Rigby, D.; Reichheld, F.; Schefter, P. (2002) S. 103.
[42] Vgl. Wessling, H. (2001) S. 172.
[43] Vgl. Stengl, B.; Sommer, R.; Ematinger, R. (2001) S. 45.
[44] Vgl. Schwetz, W. (2001) S. 144.
[45] Vgl. Schwetz, W. (2001) S. 150.
[46] Vgl. Duffner, A.; Henn, H. (2001) S.238.
[47] Vgl. Zingale, A.; Arndt, M. (2002) S. 188.
[48] Vgl. Kehl, R.; Rudolph B. (2001) S. 261.

erst auch immer einige Zeit bis die Kunden etwas über die neuen Dienste erfahren, um sie in Zukunft regelmäßig in Anspruch nehmen zu können.[49]

Darüber hinaus kann die fehlende Fokussierung auf bestimmte Kundengruppen und der fehlende Kundennutzen eines CRM-Systems letztendlich zum Scheitern eines Projektes führen.[50] Wie bereits festgestellt, stehen die profitablen Kunden im Mittelpunkt von CRM. Aufgrund dessen steht und fällt ein CRM-Projekt mit der Möglichkeit dieser Kunden, aus den CRM-Maßnahmen einen Nutzen zu ziehen. Dies ist vor allem dann der Fall, wenn neue Kommunikationskanäle eingeführt bzw. personalisiert werden sollen. Die Ablehnung der Preisgabe persönlicher Informationen, wie sie für den Aufbau und Erhalt personalisierter Beziehungen notwendig sind, kann dann, wenn der Kunde keinen persönlichen Mehrwert aus dieser Informationsweitergabe sieht, zum Scheitern einer Kundenbeziehung führen.[51]

Häufig findet man in Unternehmen eine mangelnde prozessorientierte Organisationsform vor, die zum einen lediglich die CRM-Prozesse an den Kundenprozessen ausrichtet und zum anderen die Planung und Implementierung eines CRM-Systems zum Ziel hat.[52] Noch schlimmer wird es allerdings, wenn man die bisherigen Arbeitsabläufe ohne irgendwelche Anpassungen an die geänderten organisatorischen Rahmenbedingungen und deren Erfordernisse einer effektiven und effizienten Prozessabwicklung übernimmt.[53] Vielfach wird das Verkaufsteam, das in der Regel die potentiell besten Kunden identifizieren könnte, nicht in die organisatorischen Veränderungsprozesse mit einbezogen. Dabei sind es doch gerade diese Mitarbeiter, die dem Management bzw. der Projektleitung wichtige Anhaltspunkte über die Wünsche und Bedürfnisse der Kunden geben könnten, damit Geschäftsprozesse so ausgelegt werden, dass sie dem Kunden das Leben erleichtern und ihm Arbeit abnehmen.

3.2 Die personalpolitische Perspektive

Wie bereits im vorherigen Kapitel kurz erwähnt, ist die Akzeptanz der Mitarbeiter ein wichtiger Faktor für das Gelingen eines CRM-Projektes. Diejenigen

---

[49] Vgl. Zingale, A.; Arndt, M. (2002) S. 196f.
[50] Vgl. Kehl, R.; Rudolph B. (2001) S. 261.
[51] Vgl. Gentsch, P.; Müller, U.; Schommer, C. (2002) S. 370.
[52] Vgl. Schulze, J. (2002) S. 200.
[53] Vgl. Göttgens, O.; Schmidt, A. (2003) S. 114.

Unternehmen, die nur eine CRM-Software kaufen und es installieren werden mit großer Wahrscheinlichkeit nur Mehrkosten haben. Es hat sich gezeigt, dass die wirksame und nachhaltige Umsetzung von Veränderungen nur der Mensch als Individuum bzw. als Teil einer Organisation erreichen kann und nicht die Strategie, die Technologien oder die Geschäftsprozesse. Viele Unternehmen erwecken jedoch den Eindruck, als wollten sie diese Angelegenheit schnellst möglich hinter sich bringen. Die Gedanken und Ängste der Mitarbeiter werden entweder einfach übersehen oder aber ignoriert. Diese Einstellung ist umso mehr erstaunlicher, als es sich bei CRM um ein wichtiges Produkt hinsichtlich der zukünftigen Marktposition handelt. Es ist vielmehr von enormer Wichtigkeit, den Mitarbeitern die Bedeutung und den Nutzen des CRM-Systems zu verdeutlichen.[54]

Des Weiteren führt CRM in letzter Konsequenz auch zu einem gläsernen Mitarbeiter, da man jederzeit einen Überblick über alle Vertriebsprojekte hat, um auf diese Weise bei schwächeren Mitarbeitern entsprechend eingreifen zu können.[55] Dies kann zur Folge haben, dass Außendienstmitarbeiter zum eigenen Schutz in Besuchsberichten falschen Angaben machen bzw. sogar einzelne Verkaufschancen beim Kunden überhaupt nicht erwähnen. Hieraus können sich im Weiteren Fehlplanungen der Zentrale auf Basis dieser Informationen ergeben.

Ein weiterer Grund, der zum Scheitern von CRM-Implementierungen führt, wird in der mangelhaften Schulung der eigenen Mitarbeiter gesehen. Vor dem Einsatz eines solchen Systems finden zum einen oft überhaupt keine Anwenderschulungen statt, noch befassen sich die Anwender mit dem System und seinem Nutzen für die Abwicklung der Geschäftsprozesse. Dies ist aber vor allem bei etwas älteren Mitarbeitern sehr wichtig, da sie im allgemeinen die heutige Technologie nicht so schnell verstehen und anwenden können wie die jüngeren Mitarbeiter und demzufolge ein höheres Misserfolgsrisiko vorhanden ist. Entscheidend ist es jedoch jetzt nicht, ob die Mitarbeiter tatsächlich über ein detailliertes Wissen verfügen, sondern dass sie auf jeden Fall den sofortigen Zugang zum geforderten Wissen über CRM-Tools besitzen, damit den Kundenanforderungen schnell entsprochen wird und die CRM-Qualität gesichert werden kann.

---

[54] Vgl. Holland, H. (2002) S.239.
[55] Vgl. Godefroid P. (2003) S. 302.

Ein weiteres Problem liegt hier in der Beschaffenheit des sehr flexiblen Systems,[56] weil die Anwender eine Vielzahl von Möglichkeiten haben, bestimmte Daten aufzurufen bzw. abzubilden, ohne jedoch genau zu wissen, auf welche dieser Daten später im Kontakt mit dem Kunden zurückgegriffen werden muss. Vor allem in solchen Fällen in denen Anwender wie Verkaufsleiter, Außendienstler und Call Center Mitarbeiter in derselben Schulung trainiert werden, wird man einen geringen Schulungserfolg erwarten dürfen. Kein Verkaufsleiter wird jemals das spezifische Know-how eines Call-Center Mitarbeiters brauchen, um seine Aufgaben zu erledigen. Vielfach fehlt es demnach an einer durchdachten Schulungskonzeption für spezifische Organisationseinheiten.[57]

Darüber hinaus vernachlässigen es die Unternehmen meist, den Mitarbeiter über die Auswirkungen des neuen CRM-Systems auf die Qualität der Kundenbeziehung zu informieren,[58] denn je nach Erfahrungsstand eines Unternehmens könnte es notwendig sein, die Mitarbeiter im Bereich der Kundenorientierung weiter zu qualifizieren.

3.3 Die technologische Perspektive

Obwohl die Komplexität eines ganzheitlichen, unternehmensweiten CRM-Ansatzes hoch ist, versuchen einige Projektteams alle Einflussfaktoren und gegenseitige Abhängigkeiten konzeptionell auszuarbeiten, zu bewerten und in einem „großen Wurf" umzusetzen. Der Grund hierfür liegt unter anderem darin, dass eine gemeinsame Datenbasis innerhalb der einzelnen Geschäftsbereiche vorliegen soll, damit die darin enthaltenen Daten umfassend, vollständig und aktuell sind.[59] Dies ist prinzipiell natürlich sinnvoll, doch verliert man besonders zu Beginn eines Projektes leicht den Überblick aufgrund dieser Datenflut. Man sollte sich eher diejenigen Punkte heraus nehmen, die den größten und schnellsten Nutzen versprechen, denn die zwei Hauptfeinde von CRM-Projekten sind Perfektionismus und Verzettelung.[60] Zum anderen kann es passieren, dass man grobe konzeptionelle Fehler in der Planung begeht, die aber erst im Laufe der Anwendung des Systems sichtbar werden. So kommt es nicht selten zu

---

[56] Vgl. Holland, H. (2002) S.244.
[57] Vgl. Schulze, J. (2002) S. 206.
[58] Vgl. Zingale, A.; Arndt, M. (2002) S. 200.
[59] Vgl. Reinke, H.; Bruch, R. (2003) S. 64.
[60] Vgl. Reinke, H.; Bruch, R. (2003) S. 66.

redundanten und unvollständigen Daten, weil diese vor der Migration in der zentralen Datenbank keine Qualitätssicherung durchlaufen haben.

Des Weiteren treffen Unternehmen aufgrund der hohen Anzahl unterschiedlicher Anbieter von CRM-Systemen nicht immer die richtige Entscheidung bezüglich der Investition in Hard- und Software. Dies liegt unter anderem aber auch daran, dass sich heutzutage jedes Softwareprodukt, welches auch nur im entferntesten Kundendaten verarbeitet, als CRM-System am Markt firmiert. So gesehen wird es den in CRM-Systemen investierenden Unternehmen nicht unbedingt einfach gemacht. Trotzdem sind es vor allem diejenigen Unternehmen Schuld in falsche Produkte zu investieren, die sich zunächst keinen Überblick über die Marktstruktur verschaffen und im Weiteren keine Gedanken zur Konzeption des eigenen Systems machen. Meistens werden viel zu früh mehrere Softwareanbieter zu Präsentationen eingeladen, die mangels eines erstellten Pflichtenheftes den Kunden lediglich anhand der Schwerpunkte der jeweiligen Softwareanbieter beraten können.[61]

4 Fazit

Unternehmen haben in der Vergangenheit selten die Bedeutung erkannt, tiefer gehende Beziehungen mit ihren Kunden einzugehen, so dass sie sich demzufolge mehr auf ihre Produkte und Dienstleistungen konzentriert haben, um am Markt Erfolg zu haben. In einer Umwelt, die sich durch turbulente Marktentwicklungen, verändertes Käuferverhalten sowie wachsendem Konkurrenzdruck auszeichnet, hat sich jedoch die Fähigkeit von Unternehmen, Kunden langfristig an sich zu binden, zu einem wichtigen ökonomischen Erfolgsfaktor entwickelt.[62]

Laut Analysten der Meta Group haben im vergangenen Jahr die Umsätze mit CRM in Deutschland 1,1 Milliarden Euro erreicht. Laut IDC soll bis 2008 der weltweite Markt um jährlich 8,9 Prozent auf 11,4 Milliarden Dollar wachsen. Dem Wachstumstrend zum Trotz rechnet Gartner mit einem Anhalten der bereits begonnenen Konsolidierungsphase. Gegenwärtig gebe es ca. 300 Anbieter, doch über 50 Prozent des Gesamtumsatzes würden die zehn größten generieren. Diese Spitzengruppe werde von SAP angeführt, gefolgt von Siebel/Oracle/Peoplesoft. Das Verfolgerfeld: Salesforce.com, Microsoft, Sage, Amdocs, Rightnow

---

[61] Vgl. Schwetz, W. (2001) S. 166.
[62] Vgl. Rothhaar, C. (2001) S. 175.

Technologies, SAS Institute und Epiphany.[63] So meldete SAP für 2004 einen Umsatz mit CRM-Softwarelizenzen von 474 Millionen Euro (578 Millionen Dollar), acht Prozent mehr als im Vorjahr. Siebel gibt die Einnahmen mit 444 Millionen Dollar an, das sind acht Prozent weniger als 2003 - und 30 Prozent weniger als SAP.[64]

Es ist deutlich geworden, dass eine Großzahl der Unternehmen den Ansprüchen von CRM selten genügen, indem sie nicht verstehen, worum es bei CRM überhaupt geht. So werden zum Beispiel CRM-Projekte oftmals als IT-Projekte abgewickelt oder aber es fehlt an einem methodisch, zielgerichteten Vorgehen seitens des Projektteams, indem zum Beispiel Insellösungen einer unternehmensweiten CRM-Implementierung vorgezogen werden. Sicherlich ist die Implementierung von CRM mit viel Kraft, Aufwand und einigen Investitionen verbunden, doch wenn man allein diese Investitionen langfristig betrachtet und nicht nur auf die sofortige Amortisation wartet, wird CRM zu einem wesentlichen Erfolgsfaktor vieler Unternehmen und vieler Branchen werden.[65] Unternehmen, die sich diesem Thema nicht stellen und keine ausreichenden Lösungen in der einen oder anderen Art für die Entwicklung des Kundenkontakts finden, werden in absehbarer Zeit nur noch geringe Chancen am Markt haben.[66]

Auf zunehmende Beliebtheit bei den kleinen und mittleren Unternehmen stößt das wiederbelebte Modell des Application-Service-Providing (ASP), das auch unter den Begriffen "Hosted CRM" oder "CRM on Demand" bekannt ist. Dabei können Kunden im Rahmen von Serviceverträgen detaillierte CRM-Angebote etwa aus den Bereichen Kundenservice, Marketing oder Analyse über das Netz beziehen. Die Anwender überzeugen vor allem die Skalierbarkeit und das günstige Preis-Leistungs-Verhältnis sowie die Flexibilität. Pionier und Platzhirsch auf diesem Gebiet ist das amerikanische Unternehmen Salesforce.com. Gartner erwartet, dass Salesforce.com seinen Umsatz in diesem Geschäftsjahr um 80 Prozent auf 204,6 Millionen Dollar steigern kann. 2005 soll der Umsatz um weitere 40 Prozent auf 285 Millionen Dollar wachsen.[67]

---

[63] Vgl. Witte H. (2005) S. 1.
[64] Vgl. Witte H. (2005) S. 2.
[65] Vgl. Kehl, R.; Rudolph B. (2001) S. 272.
[66] Vgl. Wehrmeister, D. (2001) S. 310.
[67] Witte H. (2005) S. 2-3.

5 Literaturverzeichnis

Abts, D; Mülder W.

Grundkurs Wirtschaftsinformatik; Eine kompakte und praxisorientierte
Einführung; Friedr. Vieweg & Sohn Verlag/GWV Fachverlage; Wiesbaden; 2004.

Abts, D; Mülder W.

Aufbaukurs Wirtschaftsinformatik; Der kompakte und praxisorientierte Weg zum
Diplom; Friedr. Vieweg & Sohn Verlagsgesellschaft; Braunschweig/Wiesbaden;
2000.

Beuthner, A.:

Analyse-Tools steuern den Marketingerfolg; In Computerzeitung; Die
Wochenzeitung für die Informationsgesellschaft; Thema: IT-Trends, Ausg. 38;
Konradin IT-Verlag; Leinfelden-Echterdingen; 2005.

Buck-Emden, R.; Saddei, D.:

Informationstechnologische Perspektiven von CRM in: Homburg, C. (Hrsg.):
Kundenzufriedenheit, Konzepte - Methoden - Erfahrungen S. 485-502;
5. Aufl.; Betriebswirtschaftlicher Verl. Dr. Th. Gabler; Wiesbaden; 2003.

Duffner, A.; Henn, H.:

CRM verstehen, nutzen, anwenden! Ein Leitfaden für kundenorientierte
Unternehmen; 1. Aufl.; Max Schimmel Verl.; Würzburg; 2001.

Eggert, A.; Fassott, G.:

Elektronisches Kundenbeziehungsmanagement (eCRM). Online im Internet:
URL: http://www.competence-
site.de/crm.nsf/0/0c9105a45ea74545c1256a7800504c53?OpenDocument [Stand
26.09.2005]

Eggert, A.; Fassott, G.:

eCRM, Electronic Customer Relationship Management - Management der
Kundenbeziehungen im Internet-Zeitalter; 1. Aufl.; Schäffer-Poeschl Verl.;
Stuttgart; 2001.

Gawlik, T.; Kellner, J.; Seifert, D.:

Effiziente Kundenbindung mit CRM: Wie Procter & Gamble, Henkel u. Kraft mit ihren Marken Kundenbeziehungen gestalten; 1. Aufl.; Galileo Press GmbH; Bonn; 2002.

Helmke, S.; Dangelmaier, W.:

Marktspiegel Customer Relationship Management: Anbieter von CRM-Software im Vergleich; 1. Aufl.; Betriebswirtschaftlicher Verl. Dr. Th. Gabler; Wiesbaden; 2001.

Hippner, H.; Wilde, K.-D.:

Customer Relationship Management - Strategie und Realisierung in: Teichmann R. (Hrsg.) Customer und Shareholder Relationship Management: Erfolgreiche Kunden- und Aktionärsbindung in der Praxis S. 3-52; 1. Aufl.; Springer Verl.; Berlin Heidelberg; 2003a.

Hippner, H.; Wilde, K.-D.:

CRM - Ein Überblick in: Helmke, S.; Uebel, M.; Dangelmaier, W. (Hrsg.) Effektives Customer Relationship Management: Instrumente - Einführungskonzepte - Organisation S. 5-37; 3. Aufl.; Betriebswirtschaftlicher Verl. Dr. Th. Gabler; Wiesbaden; 2003b.

Kehl, R.; Rudolph, B.:

Warum CRM-Projekte scheitern in: Link, J. (Hrsg.): Customer Relationship Management: Erfolgreiche Kundenbeziehungen durch integrierte Informationssysteme S. 253-273; 1. Aufl.; Springer Verl.; Berlin Heidelberg; 2001.

Kotler, Ph.; Bliemel, F.:

Marketing-Management. Analyse, Planung und Verwirklichung; 10. Aufl.; Schäffer-Poeschl Verl.; Stuttgart; 2001.

Meffert, H.:

Meffert Marketing Edition: Marketing. Grundlagen marktorientierter Unternehmensführung. Konzepte - Instrumente - Praxisbeispiele; 9. Aufl.; Betriebswirtschaftlicher Verl. Dr. Th. Gabler; Wiesbaden; 2000.

Reinke, H.; Bruch, R.:

Der Partner Kunde - CRM mit Intrexx: Voraussetzungen, Strategien und Vorteile eines Customer Relationship Managements; 1. Aufl.; Smart Books Publishing AG; Hamburg; 2003.

Rothhaar, C.:

Führung und Motivation im Kundenbeziehungsmanagement; 1. Aufl.; Deutscher Universitäts-Verlag GmbH; Wiesbaden; 2001.

Schulze, J.:

CRM erfolgreich einführen; 1.Aufl.; Springer Verl.; Berlin Heidelberg; 2002.

Sieben, F.-G.:

Customer Relationship Management als Schlüssel zur Kundenzufriedenheit in: Homburg, C. (Hrsg.): Kundenzufriedenheit: Konzepte - Methoden - Erfahrungen S. 328-345; 5. Aufl.; Betriebswirtschaftlicher Verl. Dr. Th. Gabler; Wiesbaden; 2003.

Smidt, W.; Marzian, S.-H.:

Brennpunkt Kundenwert: Mit dem Customer Equity Kundenpotentiale erhellen, erweitern und ausschöpfen; 1. Aufl.; Springer Verl.; Berlin Heidelberg; 2001.

Wehrmeister, D.:

Customer Relationship Management: Kunden gewinnen und an das Unternehmen binden; 1. Aufl.; Fachverlag Deutscher Wirtschaftsdienst GmbH & Co. KG; Köln; 2001.

Witte, H.:

Der CRM-Markt erlebt ein Comeback: In Computerwoche 09.02.2005; Nachrichten, Analysen, Trends; IDG Business Verlag GmbH; München; 2005.

o.V.:

Lexikon des CRM-Forum: Online im Internet: URL: http://www.crmforum.de/main.html?suche=ecrm [Stand 26.09.2005].